CONCHA PÉREZ ROJAS

YO NO ESTUVE EN AUSCHWITZ

CONCHA PÉREZ ROJAS

YO NO ESTUVE EN AUSCHWITZ

HUERGA & FIERRO editores

Diseño de Colección: Huerga y Fierro

Primera edición: 2024

© Fotografía de portada: *Auschwitz, cámara de gas* (pared, detalle),
de Concha Pérez Rojas

© Fotografía de la autora: Autorretrato

C/Sebastián Herrera, 9
28012 Madrid-España
Telf.: 91 467 63 61
www.huergayfierro.com
huerga@huergayfierro.com

I.S.B.N.: 978-84-128849-0-6
Depósito Legal: M-13740-2024
Impreso en Romadac Industria del Libro
Impreso en España/Printed and made in Spain

YO NO ESTUVE EN AUSCHWITZ

Yo no estuve en Auschwitz

De Auschwitz

Yo no estuve en Auschwitz. Pasado, sangre, raíces. Miradas que miran desde ti y ojos que dicen tu mirada. Almas que se saben, pasados que se gritan, hombres y mujeres que gimen desde cada árbol, desde cada hoja y desde cada piedra. Desde nuestro horror y nuestra vergüenza. Porque somos, pese a ellos. Porque, pese a nosotros, fue.

No había estado en Auschwitz. Había negado el encuentro con heridas que me precedían. De Auschwitz no se vuelve, y mirar a los Bálticos era como rodear sin tocar la cicatriz. Lituania, Letonia, los hombres delgados, los árboles altos, Vilna, la Jerusalén del norte, el Gaón. La sangre de ochenta niños que los nazis extrajeron para los soldados alemanes. En las aldeas, en los *shtetls*, las casas cuyas puertas aún permanecían abiertas. Las maderas del pasado, los brazos de los justos.

Dieciocho kilómetros al sureste de Riga, en el campo de Salaspils, una inscripción sobre el cemento: "En este camino lloraban los niños, madres, padres y abuelos – todos iban a morir. ¿Quién contará las palabras no dichas? ¿Quién contará los años perdidos que mataron las balas nazis?". Dentro, un metrónomo, el latido de un corazón. "Tras esta puerta, la tierra gime de dolor".

Sofia Kalendraite y Leonas Levinskas, en el *shtetl* Zagare, habían protegido y salvado a judíos durante la ocupación nazi de Lituania. Justos de las Naciones. Ancianos que arrimaban sus mejillas a las nuestras, desde la pobreza que no se cuestiona, rodeados de cielo y de gallinas, de manos lejanas. Habían salvado mundos, habían salvado vidas.

En el Noveno Fuerte, sesenta y cuatro prisioneros habían preparado la huida. La madre de Jaim Bargman estuvo allí. Novecientos franceses estuvieron allí. Fueron colgados y enviados al paredón. Sus cadáveres fueron pisados y mancillados. Al noroeste de Kaunas, *el fuerte letal*, el lugar del exterminio. Millares de judíos del gueto fueron asesinados. Desnudos, en el interior de las zanjas, recibían las ráfagas de disparos. La Shoá de las balas. Itzik Bloch, un niño de diez años, escapó y contó lo que había visto, pero en el gueto no le creyeron. Tras la derrota de Stalingrado, los alemanes se dispusieron a abrir las fosas para exhumar los cadáveres e incinerarlos. De un documento redactado en Kaunas en diciembre de 1943 por reclusos que escaparon, se deduce que un total de cuarenta mil personas fueron enterradas en el Fuerte. "¡Echad más muñecos a esa hoguera!", gritaban los alemanes. Según la Gestapo, el fuego, en Kaunas, ardía mejor que en Vilna.

Zezmer, Olkeniki, la sinagoga de madera, Valda, el Bosque de los Partisanos. Mosquitos, tábanos y hongos, hayas. Los frutos rojos, la sangre, los pozos. Paneriai, la muerte en Ponar.

Y la escritura, el grito elemental. La urgencia. El alarido primario y constitutivo, el horror ancestral. Esa escritura, la que no se decide, la que hiere y salva, la que murió y emergió al pie de las fosas, en los cielos bajos. Auschwitz, el paradigma del mal, extendiéndose como tentáculos por las llanuras de Europa, por sus valles y sus sombras. Yo no estuve en Auschwitz. Yo estuve en Auschwitz. Yo estuve allí.

Yedwabne

Eran hombres comunes.
Como tú, como yo.
Mataban. Como tú, como yo.
Eran muertos. Como tú, como yo.

Eran hombres que mataban hombres.
Hombres que lloraban hombres.
Que callaban, resistían, mataban,
protegían, vengaban. Resistían.

Eran la impunidad y el miedo,
el sueño, la muerte blanda.
Las cadenas de brazos, y los palos
con clavos para matar.

Algunos vivieron. Los demás
estamos muertos todavía.

Bialystok

Era viernes. Sin embargo,
Dios no estaba con nosotros.
Viernes rojo. Las llamas
no supieron cocer el pan.
Las *jalot* fermentaron como vino añejo.
El pescado quedó sobre las mesas de las casas,
esperando labios
que pronunciaran una bendición.
Batallón 309. Los judíos
son abatidos en la plaza, y la sinagoga
abre sus puertas para morir.
Zabia Street. Las cenizas
de un *sefer Torá* respiran bajo el cielo.
Los gritos breves de los niños.
El fuego. Después,
el fuego.

80 niños

Allá donde te mataron,
los mandaste a morir.
Diez plagas los sacaron de Mitzráyim,
y otras diez los sacaron
de la Europa en sangre.
Lietuva de huesos secos.
Lietuva llora en sus niños
a los niños que no supo amamantar.
Los ochenta últimos. Esos,
a los que robaron piel y sangre y alma
para asesinos sin alma,
sin sangre, sin piel.
Para los monstruos del miedo.
Jerusalén del norte, donde las almas.
Donde el hombre despierto
que descansa junto al *guer tzédek*.
HaGaón. Los *tefilín* de los abuelos
que aún sabían preparar el té.
Todo sucedió antes de los barcos y de la huida.
Quizás, después.

Shtetl

No hay un pasado en el *shtetl.*
No nacimos en el *shtetl*
ni vinimos a morir.
Cinco mil años bajo las plantas,
en tierras de espada y sangre.
El desierto, el mar, la estepa,
los cosacos. El pueblo maldito
que escribió la cruz en nuestra espalda.
Los apellidos que arrastramos, pese a todo.
Las velas de *shabat* en los armarios.
Las carnes prohibidas en la cocina,
donde los vecinos pudieran ver.
Las *matzot* cocidas en secreto.
Judíos, a pesar de las naciones
y a pesar de nosotros. Judíos.
Así vinimos al *shtetl.*
Con las manos vacías y el pecho limpio,
las manos abiertas y los ojos lejanos.
El dolor en el camino, y Dios,
ese Dios que no escuchaba,
en algún lugar. Dios,
que ni haría ni escucharía.
A pesar de nosotros.
A pesar de su pacto,
de nuestra sangre y su pueblo,
de nuestra terquedad y su desgracia.

Como nuestros abuelos, llegamos al *shtetl*
dejando la puerta abierta,
junto a las casas sin puerta de nuestros vecinos.
Hoy, no hay de nuestros hombres
ni de nuestras mujeres en el *shtetl*.
No hay de los nuestros.
No están nuestros muertos
ni las cenizas de nuestros libros.
Son como cuadros vivos,
inscritos en la línea torcida del tiempo.
No hay más vida
en los colores y los cantos obstinados
de las aldeas de Lituania.

Salaspils

En el camino, lloran
los niños y sus madres.
Los padres, los abuelos.
Todos van a morir.

Impávidos, entregan la tierra
y a sus hombres.
Los futuros, las vidas, los niños.
Tan pequeños, que no saben y ríen;
que, como grandes, caen.

Quién dirá sus palabras. Quién
contará sus años que no fueron.
El humillado, que hunde
su mirada y sus rodillas en el suelo,
y oculta el rostro
que no pudo ser.
La madre, que guarda
a sus hijos, ancianos
de cuerpos chicos,
tras su pecho, huesos
que detonaron las balas.
La solidaridad, que nunca
es una ni es sola,
que levanta los puños,
que sostiene,
que enfrenta,
que reclama.

El inquebrantable,
que, cuerpo en tierra,
eleva su frente todavía.

El camino que lleva a la muerte
es el mismo que dice la vida.
El aullido del hombre, cuando se rompe,
el grito tenaz del que se nace.

No estamos muertos.
Nos mataron.
Por eso, el corazón caliente late,
y, tras la puerta, la tierra
duele su dolor.

El gueto

Es mentira que hubo hombres buenos.
Hubo hombres buenos. Pero tantos
fueron los malos, que no puede
desenterrar a los buenos la memoria.

No importaba que los malos
vinieran a conquistar a los malos
o a robar, matarlos.
Si les libraban del pueblo
elegido para escarnio,
de esos hombres aquejados
de moral y de *peies*,
todo estaría bien.

Por eso, los malos
fueron asesinos junto a los malos
asesinos.
Por eso, quemaron los lugares
sagrados de los buenos,
de los silenciosos,
de los tenaces,
de los valientes.

Hoy, el horror
de los quemados crepita en las piedras
y en las paredes que sucumbieron.

En Latvia, bajo un cielo sin alma,
tiembla la llama terca, se convulsiona
el vientre de un tiempo malnacido.
En Latvia, pisé una flor
y una mujer me dijo:
"No pises la vida que crece
en estos campos de la muerte".

Rumbula (Kadish)

No hubo un lamento
en el bosque de Rumbula
ni una palabra por sus muertos.
Lloramos nuestra miseria, nuestro pavor,
nuestra culpa y nuestra desgracia.
Nos miramos a los ojos y a los labios,
sin saber del suelo herido.
Vimos las aguas estériles,
sin saber vuestros pechos anónimos
ni vuestras gargantas.
Nos dijimos en vuestros nombres.
Nos dijimos, sin alma y sin memoria.
Sin vergüenza de asesinos
por haber dado brazos a los asesinos;
por haber sido, nosotros también,
el corazón infame de Europa.
Nadie os lloró. Y, sin embargo,
en el bosque sangrado de Rumbula,
siete brazos rodean
a cada piedra y a cada hombre.
Siete brazos, tatuados
por cada hijo en un *kadish*.

Sofía

No todos fueron así, como nosotros.
No todos mataron y murieron.
Algunos fueron, en cambio, como nosotros.
No murieron ni mataron.
Viven donde salvaron.
Porque salvaron.
Con frío de verano en el alma
y tristeza de guerra perdida en los pies.
Sofía no es una mujer como las mujeres.
Su casa no es una casa como las casas.
Su aldea no es una aldea como las aldeas.
En el *shtetl*, no hay casas como son las casas,
no hay hombres y mujeres como los que desviven
en nuestras ciudades desde la última guerra.
Sofía y Leonas no son
como aquellos hombres que asesinamos
para que pudieran asesinar.
Europa les quema en las plantas
y en la memoria.
Sonríen apenas, miran a los ojos,
se acuerdan. "Yo era músico".
Junto a la mía, su mejilla tiembla.
Salvaron a hombres y a mujeres, salvaron mundos.
Cuando el mundo se quiebre,
en los mundos que salvaron,
Sofía y Leonas vivirán.

La colina de las cruces

También aquellos
eran hombres y mujeres como nosotros.
Algunos te acariciaron cuando temblaste, otros
te enviaron a la muerte.
También ellos resistieron
aunque, seguramente, por las noches,
al calor de la lumbre, te maldecían.
También ellos elevaron su voz,
al tiempo que ahogaban la tuya.
Sufrieron mientras sufrías.
No, porque sufrías.
Morían, a veces,
mientras cargaban contra ti.

Bosque Kuziai

Éramos tres almas
que eran la misma alma.
Respirábamos como uno,
bajo los árboles que se lamentaban,
bajo la lluvia y la sed.
Cada uno, con su morral a cuestas,
con su manojo de miserias.
No existía nadie más.
Ningún cuerpo entre los cuerpos
respiraba alrededor.
Éramos tan desiguales,
y, sin embargo, allí estábamos,
como iguales al pie de la fosa.
Fueron ellos, fuimos
nosotros, fui yo.
Como en el sueño.
Cubrían con cal mis ojos.
Podrías haber sido tú.
El grito ahogado bajo mi espalda.
El hombre
que se acercaba con su fusil
y se alejaba después.
La noche cerrada
que se cernía sobre mis párpados.
Tu sueño a mi lado.
Tu muerte conmigo.
Tu muerte en mí.

Siauliai

Judío, tú no eres como ellos.
Profanarás el *shabat*, cortarás
tus barbas y tus *peies*,
comerás los animales prohibidos,
mezclarás carne con leche en tu boca.
Comerás la sangre. Te impurificarás,
tocando los cuerpos de tus muertos.
Irás a sus escuelas.
Vestirás corbata, y tus mujeres
descubrirán su cabeza sin pudor.
Lucharás.
Matarás y morirás en sus guerras,
y creerás ser uno de ellos.
Pero ellos, judío,
aun así, te verán otro
y te esperarán con la espada en alto
y el disparo en la frente.
Hablarás, te moverás y dirás como ellos.
Pero ellos, judío,
nunca te sabrán.

Death Dealer

Vi sus ojos y vi la muerte.
Vi la muerte que traía
pegada a sus botas, vibrante en el fierro,
en sus ojos vacíos y su mandíbula de bestia.
No vi a un hombre. Vi el frío.
Vi los cadáveres a sus pies.
Vi a la multitud, que miraba
o charlaba sin asombro. Y vi
a la bestia sin rostro y sin alma,
tan lejos del hombre,
con gesto de nada y mirada de nadie,
mientras se ajustaba el cinturón.
El mercader de la muerte.
Sin vida, frente a la montaña de cuerpos
vivos que no respiraban.
Lietukis Garage, en Kaunas,
bajo un cielo sin Dios.

El Noveno Fuerte

"Las hogueras de Kaunas arden mejor".
Así rugían los asesinos.
"¡Más muñecos para el fuego!".
A mandíbula batiente, los asesinos.
900 franceses lo escribieron en la piedra.
El niño Itzik Bloch, y no le creyeron.
El Fuerte de la muerte. Y no sabían.
40.000 hombres desnudos,
arrojados a las zanjas.
Esperando las balas,
desnudos, vivos.
Temblando, llorando,
sin lágrimas, en silencio.
Muertos, en la cal viva.
40.000 hombres en el paredón,
en la horca, en los túneles.
La madera es más fuerte que el hierro.
El algodón, más blanco que la nieve.
El agua, más fuerte que la roca.
El hombre, más terrible que las bestias.
Hoy, la luz ciega sobre los lechos
anónimos, en las celdas.
Las suelas gastadas, los vestidos,
salidos de un sueño infame.
Ropas y zapatos de vivos.
Carros de bebés. Vivos.

Mesas y sillas de vivos.
De hombres y mujeres vivos
que, vivos, nos miran
desde la fosa donde los murieron.

Ziezmariu

Hubo hombres y mujeres.
Hubo niños y ancianos.
Hubo un *jazán*, un rabino,
un *sefer Torá*, canciones
de *shabat*, lamentos
de Kipur, carracas, hurras
de Purim y fiesta. Hubo días
en que los hombres vivían junto a los hombres
y los hombres caminaban junto a los hombres.
Las maderas quebradas son testigo.
Las arañas que trepan por las paredes.
Las ventanas de luz impenitente.
Algunos árboles,
que guardan memoria del sol.

Trakai

El agua quieta, el ladrillo rojo.
La memoria de los días aquellos.
Lejos como las vidas.
Se diría que el tiempo pasó.

Olkeniki

Era nuestra casa, en nuestro bosque.
Era el tiempo, en Olkeniki.
No te acuerdas, pero tus abuelos
descansan junto a mis abuelos
en este lugar que nunca nos contaron.
Valda tendió su mano
porque se acuerda.
Y la tierra nos guiñó
como si todavía fuera nuestra.
Como si alguna vez lo hubiera sido.
En los bosques de Olkeniki,
donde pisamos hoy,
descansan tu sangre y mi sangre,
nuestro dolor. De nosotros,
que nos dolemos en silencio,
que sabemos,
de pies nerviosos y ojos secos,
apretar el puño y los dientes cuando nos sangramos.
Hay un mundo entre nuestra casa
y nuestra casa,
entre este lugar manchado de cadáveres,
de piedra verde,
y el lugar a donde fuimos a morir.
Allí, donde estás.
Allí, donde iré.
Allá, donde llevaremos
a nuestros muertos para vivir.

Rudniki

En Rudniki, donde los árboles
penetran el cielo con furia,
con clamor de fieras.
Vengando en silencio salvaje las lágrimas
de los hijos que yacen.

En Rudniki, donde los árboles
gritan, y los muertos gritan,
y gritan los asesinos
de los hombres,
en un grito que no se acaba.

En la umbría mojada,
bajo las plantas,
el crepitar de la memoria
que se quiebra bajo cada paso,
sin ruido,
sin aspavientos.
Los cadáveres exudan su llanto
y rompen las hojas.
Y la tenacidad de los refugios
hechos de bosque,
y de los tábanos
y de los mosquitos.
De las hayas, de las fresas.
Del pozo que los vio llover
y el cielo que los vio levantarse.

El Bosque de los Partisanos.
Rudniki, en los días
aquellos de la sangre.

Paneriai

Llueve en Ponar. Cuando se muere,
siempre llueve. Llueve
sobre los muertos calientes,
y sobre nosotros, que nos desaparecemos
en las palabras y en la memoria infame.
No temblaré hoy
ante los discursos
de quienes aún os mandan matar,
sin armas, en silencio.
Caminan a tu lado
porque te creen uno de ellos,
porque no clamas en la lengua
en la que tus abuelos clamaban.
Te escuchan, se rinden
porque no te saben.
Solo diles, judío.
Solo diles, muéstrate,
dinos, muestra
sin pavor tu pasado y tu sangre,
y huirán despavoridos.
Solo muéstrales tu libro,
y acallarán tu *tefilá* bajo sus voces agrias,
afectadas, de hombres que odian hombres
y declaman sin sonrojo.
No entierres tu kipá, amigo,
no cortes tu barba ni te descubras,

pues no es ante un cielo ante el que te balanceas,
sino ante tu pasado y mi pasado,
ante los lamentos y la sangre
y la memoria de nuestro pueblo.
Muestra tu *talit*, amigo,
allá, lejos de los bosques,
en las ciudades, donde ellos
te adulan porque no te saben.
Porque no saben que eres judío.
Porque no saben
que el judío tiene un pasado
que es presente, y, cuando llora, reza.
Cuando te encuentres con esta palabra
en la próxima vida, en la próxima vuelta,
acuérdate de que llovía
y volverá a llover en Ponar.
Donde quedaron nuestros huesos.
Donde enterraste,
viejo amigo, tu kipá.

Umschlagplatz

El nombre hay que merecerlo.
El nombre no te lo dan,
no lo tomas, no está inscrito.
Se sangra, se desangra,
se llora, se gana
a golpe de culata
de fusil, a golpe
de derramamiento.
El nombre se derrama.
Se dice, aunque no te llames;
no se dice, aunque te llamas.

El nombre se marcha
en pasos interrogantes,
en sol inclemente,
en las espaldas.
En la inocencia retenida,
como un tesoro, entre los dedos
que tiemblan, que vacilan
un instante, antes de partir el caramelo.

El nombre, encerrado
donde nunca más nadie pueda verlo
ni ultrajarlo.
Donde ni el sol.
Donde ni los pasos.

Donde la marcha impune
que no sostiene la memoria.

Son benditos vuestros nombres
en los labios de quienes os nombran,
de quienes os cargan
en la obscenidad de su presente y en la culpa.
De quienes os llaman.

Levantamiento
(Los héroes del gueto)

No importaba la derrota.
Importaba dejarse morir.
No serviría para nada,
pero eso no nos preocupaba.
Sabíamos que teníamos
el tiempo todo con nosotros,
en nosotros. Porque, como fuese,
aun si fuéramos derrotados, viviríamos
mil veces más. Nunca supe
si me daban miedo los alemanes.
Grité mi último grito,
antes de dejarme morir.
Nos morirían, y, sin embargo,
no habría sido lo mismo
haberse dejado morir.

Krochmalna

No reconozco esta ciudad,
sus piedras nuevas, sus cielos lustrosos,
sus calles. Ni a tantos, que me miran
como a quien viene de otro lugar.
No reconozco esta luz de media tarde
que incendia el horizonte y los ojos,
y se hace día en las ventanas
tras las que aún espero
ver aparecer tu silueta,
la de entonces,
como si fuera hoy.
No reconozco este lugar,
sus avenidas fragantes,
su bullicio en las plazas.
No encuentro
las marchas del miedo,
los fuegos en los muros,
el *talit* liviano sobre los hombros,
las *kipot*. No encuentro
el *jeder* ni a los niños
de las *peies*, ni los *droskys*
ni el olor
a la comida que se pudría en los patios.
Cayeron sus edificios, sus piedras
y su memoria. Hoy,
nadie se acuerda.

Apenas las lápidas calladas, mohosas,
de ti y de mí,
de los tuyos y de los míos,
guardando la tierra bajo el cielo.
Nadie se acuerda, pero hoy,
en la ciudad rota, estamos vivos.
Vivos, otra vez.

Warszawa

Nos marchamos de esta tierra
donde nunca quisieron nuestros huesos.
Marchamos, como quien vuelve:
dejando el futuro atrás.

Brit

Porque nosotros vimos
el arcoíris desde arriba.
El pacto de los colores,
las aguas clausuradas,
la puerta abierta de Abraham.

(2012)

A Auschwitz
(Casi) una historia de ficción

I

No se va, se vuelve. Como a Jerusalén.

Sobrevolando cielos, soles, almas. Sobrevolando columnas de humo. Las columnas de fuego y nube que nos dijeron. Sobrevolando. Los silencios hipócritas, las lágrimas inverosímiles. El papel, cuajado de certezas. La tinta verde, en auxilio de las pantallas de luz.

Volar a donde nos acabaron. Donde no nos acabaron. Donde ellos. Volver, para pisar donde fuimos desaparecidos, donde fuimos entregados.

El silencio sobrecogedor, desde el aire. El silencio adentro.

No se puede escribir. Porque el silencio atronador. Porque las voces.

No se puede escribir.

II

Sé que voy para morir. Que esta vez tampoco seré capaz de romper el alambre hacia la vida. Porque todavía nos vigilan.

Las manos blancas y muy frías. Como la nieve imposible de abril que vamos a tocar. Las palabras impronunciadas, sagradas, que no puedo rozar sin matar o morir. Nieve, cenizas, invierno, infierno. Cuerpos. Palabras que no puedo usar sin convertirme en uno de ellos.

El miedo. Hace mucho que tengo miedo. Hace una vida que tengo miedo. Quizás, más.

Tengo miedo con él, de los ojos grises. Con él, que mirará conmigo la luna roja de *Pésaj*. La cuarta luna de los desastres. Tengo miedo de él. De que se me hayan olvidado las almas.

Tengo miedo de haber mirado el cielo en sus ojos, un instante antes de mi muerte. Tras la mesa del bar, bebiendo de su taza de té frente a mí, mientras yo miro por la ventana, sabiendo y temiendo que sea él.

Tengo miedo de esta carretera, de esta vuelta sin ida. Y sé que el cuaderno en verde no hablará de ellos. Hablará de nosotros. De quienes fuimos y arrastramos. De quienes hemos vuelto. De mí.

III

¿Sabíais que la luna será roja por cuarta vez el próximo viernes? ¿Sabías que ayer fue mi cumpleaños? Sí, el nuestro. 10 de *Nissan*, la Pascua hebrea.

¿Sabías, amor, que estoy volando hacia ti, y que tú no lo sabes pero estarás? Allí mismo, donde los huesos de tus abuelos. Allí, donde tu risa se les ha olvidado, y hay que escribir ese poema. Amor, ese que nos condena eternamente a reír.

IV

Sabes que este sol me quema y que es imperdonable que no esté sentada junto a la ventana.

Sabes que mis uñas brillan y un chico rubio a mi lado mira mi vientre y mi mano, amor, como al descuido.

Que una niña camina de la mano de su padre por un pasillo largo. Y que una joven que no sé qué piensa come una hamburguesa con queso, pero nadie pudo conseguirle una cerveza.

V

Sabes que hay algo de folclórico en este tren. Cuatro o cinco tunos vuelan con nosotros y no cantan. Y todos comen con prisa, y mastican ruidosamente y rebuscan en sus bolsas.

Con prisa. Hacen aspavientos y estrujan el plástico, sin dejar de comer.

Me hablan en polaco y respondo en *yiddish*. Nadie me dijo por qué.

VI

Como si ese pedazo de tierra maldita fuera nuestro. Voy, como quien vuelve. Ya lo dije. No se va. Me llama, con un grito de guerra que solo yo sé que es un rastro de sangre. Palabra prohibida. Con danzas de muerte. Y pienso en los indios, porque pensar setenta años atrás es profanarlo todo.

Como el chico rubio que cabecea a mi lado y, de vez en cuando, mira mi vientre. Y eso es mancillarlo en mi tinta verde.

Que mi letra es sangre, que es tinta verde y que Dalí.

5

Su gesto tímido, y pensar todavía que era bueno.

Sus ojos negros, y pensar aún que no eran los de un asesino.

Sus manos ásperas de carcelero, y no pensar que iban a matarme.

Su caminar lento, y no ver en él al animal que había sido y seguía siendo.

Sus labios rotos y no ver el desahucio, la enfermedad, la muerte.

La autodestrucción. Su temblor, y no ver que para matar estaba muriendo.

5

Miraba al suelo y yo corría. Saltaba, como quien ríe.

Buscaba chocolates en la tienda y él me seguía con la mirada, fascinado y confuso. Preguntó si quería tomates. Tomé una mandarina.

Salimos al frío, como quien va, como quien vuelve.

El tipo de la tienda nos miró con lástima y me entregó la cámara de fotos. "Estamos cerrando". "Nos íbamos ya".

5

Miramos la ofrenda de *Pésaj*. El carnero, con los cuernos enredados. Junto a los huevos de Pascua de los polacos.

Resbalamos por las calles desiertas y cruzamos un río pequeño. "El Wisła". "No, este no es". Compramos dulces de cacahuete. "En dos días será *Pésaj*". "De todos modos, no me gustan los cacahuetes".

5

Me acordé, seguramente, de él, allá lejos. Se acordó, seguramente, de ella, y me miró con una rabia contenida de años. "Lo quiero, ¿sabes?". Me miró con incredulidad, y siguió escribiendo. Seguramente, a la chica a la que había creído amar durante décadas. Seguramente, a tantas otras que lo esperaban, para aplacar el ardor de su sexo. Me miró otra vez y no vio nada. Lo miré y tampoco vi.

Sentí lástima y alegría. El alivio de saber que, por fin, nos estábamos yendo.

5

Aquella noche, lo acaricié como quien acaricia una fotografía. Como quien pasa el dedo por el marco frío. Como un homenaje silencioso a la memoria. Toqué su cuello y deslicé mi mano por su pecho desnudo. Respiró apenas. Su miembro pareció despertar un instante y aparté mis piernas. Buscó las mías y siguió durmiendo.

Sabía que el día siguiente sería frío. Que era nuestra última noche, y que yo estaba tan lejos.

Me acordé de él, el hombre al que amaba, y lo miré a él, que respiraba pesadamente a mi lado, con los ojos cerrados, como un animal al acecho, esperando para atacar.

Soñó con los campanarios altos de las iglesias. Con la chica rubia que rezaba y dibujaba mariposas de colores. Con los puestos de la plaza donde asaban el queso que él no podía comer. Maldijo a nuestro Dios y a su familia, a su tierra y a todas las mujeres a las que había jurado amor. Maldijo aquel día de septiembre en que toqué su hombro y me acerqué a ellos. "¿Eres judío?".

Me dormí, y no recuerdo más. De aquel miércoles maldito, en la ciudad helada. "Me han dicho que es el lugar más feo de toda Polonia". "No importa. Quién sabe por qué estamos aquí".

4

Abrí la ventana. Él aún respiraba, como una fiera dormida. La nieve inverosímil de abril. Como había previsto, en tinta verde, apenas un puñado de horas atrás. La nieve, y las manos congeladas, inmóviles, doloridas. Los pies mojados, recorriendo los lugares de la muerte. El hambre. Sin lágrimas, sin dolor, sin temblor. Sin agonía. Pasando de puntillas por ellos, como en un sueño.

Envueltos en un halo de irrealidad. Como si nada de eso estuviera ocurriendo. Como si no hubiera ocurrido jamás.

El pensamiento prohibido. La negación.

Y la nieve tardía, la lluvia y el viento. El frío.

Las fotografías obscenas. Su cara, bajo el emblema maldito. Libre. Como una mala broma. Él nunca estuvo allí. Le llevé conmigo de la mano, como se lleva a los asesinos. Para que no huyan, para que no miren para otro lado. Para que se acuerden, para que se vean. En la sangre de las paredes, en los gritos contra las puertas, en el vacío imponente que no huele a nada. Que no sabe a nada. Que no provoca tristeza ni temblor.

Lo tomé de la mano y cerró los ojos. Él no podía ver. Recitó una oración, y una lágrima resbaló por su mejilla helada. Como un gesto de cortesía. La mueca inverosímil de quien ha empuñado un fusil y ha matado y ha perdido el derecho a rezar y a llorar, a amar y a ser alguna vez perdonado.

4

En el autobús, me quité los zapatos y froté mis pies con las manos heladas. Él miraba por la ventanilla y entornaba los ojos a ratos.

Las campesinas recias, de cara redonda, nos miraban con indiferencia. Algunas jóvenes le sonreían. Esa obsesión por las chicas rubias, y la atracción irresistible, inexplicable, que ejercía sobre ellas. Él las miraba con descaro y ellas le devolvían la mirada. A veces, él les miraba el trasero, y a veces ellas le guiñaban un ojo.

"¿Quieres un té?". "Voy a mirar los libros". "Buscaré, mientras, los servicios". "Cuestan dos złotys". "No importa. Me estoy meando desde hace horas".

Su labio supuraba pus y yo trataba de convencerme de que le quería. De que había algo en él que aún podía ser rescatado. Algo por lo que valía la pena que viviera.

Lo vi aparecer por la escalera angosta, abrochándose con dificultad la bragueta. Una chica lo miró y lanzó una carcajada.

"¿Has oído? Este lugar está lleno de españoles".

4

"Humor judío", dijo. Y siguió haciendo chistes que solo a él parecían divertir. Sentí náuseas. "Ya no podrás decir que no estuviste en el infierno". "Y tú pasarás por él sin haber estado todavía".

Los tunos, con sus pantalones bombachos y sus capas, sonrientes, como figuras recortadas y pegadas sobre un escenario inverosímil. Noté una punzada de hambre. Nada de aquello podía estar pasando.

De nuevo, empezó a nevar. "Vamos. Busquemos un taxi". Sentía mis pies resbalar a cada paso dentro de mis botas. El agua me corría por la cara.

Miré el patíbulo, en medio del patio. Las maderas mojadas. "Prometedme que así serán colgados los diez hijos de Hamán".

Toqué la alambrada y vi el destello del flash, a lo lejos. No podía llorar. Tan solo en el baño. Tan solo al llegar. Ante la mole de ladrillos rojos. Pero ahora nevaba, hacía frío y tenía miedo. Tenía hambre y hacía viento y llovía. Por algún siniestro azar, metía los pies en todos los charcos. Tenía las ropas y el cuerpo empapados.

"Vamos. Quizás lleguemos a tiempo para la cena". "Es raro. Este crepúsculo sangriento, mientras esperamos el tren para volver".

4

Tocamos la campanilla, pero nadie respondió. Entramos. Sobre una mesa, una pequeña calavera blanca de plástico y el dibujo de un ave con las alas abiertas. En los fogones, tres o cuatro ollas enormes. Un tomate a medio cortar, un cuchillo y una cebolla. Todo parecía haber sido abandonado de repente. Como si los habitantes de la pequeña casa hubieran sido sorprendidos y hubieran tenido que marchar. Nos miramos, sin saber qué hacer, cuando escuchamos pasos que se acercaban desde las escaleras.

"*Baruj Hashem*, estáis aquí. ¿Lleváis mucho tiempo esperando?".

Me senté en un banco. La pequeña habitación que hacía las veces de sinagoga estaba vacía. Un biombo chino separaba el sector de los hombres y el de las mujeres. Me quité la chaqueta y empecé a pasar las fotos en mi cámara. Miré al joven de las barbas, apoyado en el atril, balanceándose suavemente. Y lo vi a él, que leía, sin levantar la vista de su libro. Me recordó al muchacho que había conocido apenas un puñado de años atrás. Por un instante, todavía era posible ver en él al hombre, a quien alguna vez había creído, antes de saber que solo era un terco animal herido.

Me senté al piano. Una docena de libros en hebreo descansaban sobre el alféizar de la ventana. Encendimos las luces del escenario. Vimos parpadear las llamas en las *menorot*, la bandera azul y blanca sobre la tarima, el cuadro de figuras fantasmales que recordaba a Munch.

"¿Me disculpáis un momento? Mi esposa necesita que vaya a ayudarla con el bebé".

3

Me asomé a la ventana y supe que aquella mañana de viernes también sería fría. Que nevaría, seguramente, y que nuestros trenes nos seguirían irremediablemente alejando. Que eso me haría feliz. Y que entonces mandaría mi mensaje en una botella al hombre al que amaba, para gritarle que ahí estaba, que todo mi pasado había quedado en aquel infierno, se había esfumado como las cenizas, y ahí estaba yo, desnuda y temblorosa, libre y sola. Sola, por fin.

Tenía sed. Volví con dos botellas de agua y le di una. "Gracias". Continuó mirando fotografías en su teléfono. "Con esta aún no he follado. Con esta, en cambio, tuve dos citas, pero ella no me quería besar. De todos modos, era muy fea". "Mira las ramas de esos árboles, sin hojas. Es difícil imaginar cómo podían ocultarse en los bosques en el invierno". "Mira esta. Tiene casi cincuenta pero es tan guapa que me muero de ganas". "Es raro". "Se parece a una actriz famosa". "No puedo imaginar cómo podían ocultarse en el invierno".

3

Se puso la *kipá* y llamó a la puerta. "Vengo de parte del rabino. Dijo que quizás podríais darnos unas ensaladas".

Comimos el pollo frito, la tortilla de patatas, el *guefilte fish* y la ensalada de rábanos. El médico israelí nos miraba mientras comíamos y hablaba con él en hebreo, de vez en cuando. A veces, se dirigía a mí sin mirarme. Me recordaba a los antiguos rabinos. Aquellos *tzadikim* que no ponían sus ojos en las mujeres y a los yo había hablado en el pasado mirándolos al pecho. Su pelo ensortijado le hacía parecer más joven de lo que seguramente era.

"Hacer *lashón hará* equivale a matar a un hombre". "Matas mujeres cada día, sin embargo".

En la calle, alguien contaba la historia del viejo Yitzhak, el que viajó lejos de su país para buscar un tesoro que estaba enterrado en su casa. Sonreí. Hacía mucho que me habían contado esa historia. Él, con aquella ingenuidad casi infantil que años atrás me había desarmado, lanzó una carcajada y me dio un codazo. "¿Has oído?".

"Y aquí, el antiguo matadero. Donde los judíos sacrificaban a los animales según el ritual".

Las calles de Cracovia parecían llorosas, sin luz. Un frío desganado que ya no tenía ganas de meterse en los huesos. "Vamos, se hace tarde". "Me gustaría descansar antes del *seder*".

3

Cuando llegamos, estaban empezando la *amidá*. Se quitó la gorra, se colocó la *kipá* azul y puso esa cara de hombre respetable que sabía poner ante los judíos. Me gustaba mirarle cuando hacía *tefilá*. Volvía a parecerse a aquel chico al que años atrás había encontrado en la calle con su madre, mirando un mapa de la ciudad.

Magdalena lo miró y, por un instante, se sintió intimidado. Siempre le pasaba con las mujeres mayores.

"Me gusta la chica rubia, ¿sabes? La que está sentada a tu lado". "Es *Pésaj*, por favor. Déjame en paz".

El rabino hacía chistes en polaco. Justo enfrente de mí podía ver sentado, de espaldas, al anciano superviviente. Unos minutos antes me lo había cruzado en un pasillo y su mirada me había congelado. "*Pésaj saméaj*", me había dicho. Y yo los vi, sentados uno junto a otro, rezando a un Dios que ya no quería oír. Palabras prohibidas. Yo no quería usarlas. Yo no quería hablar de lo que no se puede hablar. Pero, por entonces, todavía estábamos volando.

"Tras la *Shoá*, decidió quedarse a vivir en Cracovia. Toda su familia fue asesinada. Él siguió aquí". Magdalena hablaba con emoción. "Yo no soy judía, ¿sabes? Pero me gusta todo esto. Por eso vengo al *seder*. Me gustan los judíos".

Aquella noche fue la última. *Hatikva*, en las voces de varios centenares de personas. Allá, a un puñado de kilómetros apenas del infierno. Porque seguíamos allí. Porque aquí. Porque en todas partes, por todas las razones, habíamos decidido quedarnos.

2

En la sinagoga vieja, dos mujeres me miraron de reojo y siguieron rezando. Les pedí un *sidur*, pero me dieron uno que estaba escrito en polaco. Se lo devolví. "Lo siento, no puedo leerlo".

En la calle, varios hombres y mujeres tiraban piedras pequeñas a la ventana de la casa del rabino, para que abrieran la puerta. Una niña se asomó. "Mamá, creo que abajo están los invitados".

Las *matzot* en pequeñas bolsas de plástico. Y el *guefilte fish*. Siempre el *guefilte fish*. Frío y húmedo, como el pasado. El rabino me miró y empezó a contar un cuento. Todos callaron. "Mamá, ¿puedo coger una zanahoria?".

Aquella noche, me observaba agriamente mientras enumeraba recuerdos dolorosos como solo él sabía hacerlo. Entramos de nuevo en la sinagoga. Intenté sonreír. Frente a nosotros, un padre y una hija. Él guiñó un ojo a la muchacha. De vez en cuando, me hablaba, como si nada hubiera pasado. Sentí náuseas. Solo quería salir corriendo de allí. Quería que se acabara la fiesta, quería volver a casa, correr hacia mi madre y abrazarla.

Sin embargo, allí estaba el rabino, leyendo la *hagadá* en inglés y en hebreo. Reía. Bailaba. Nos animaba a comer y a llenar nuestras copas de aquel vino dulce, casi negro. El relato de nuestros padres y de nuestros abuelos. La salida de Egipto. "¿Sabes? También este año saldremos de *Mitzráim*".

2

Salimos de *Mitzráim*. Salimos de la sinagoga y empecé a responder a cada uno de sus recuerdos. Puse palabras a su dolor, a su obsesión y a su miseria. A su mezquindad, a su cobardía. Se detuvo y abrazó a un borracho en la calle. "Son los únicos que no me desprecian".

Volvimos a la plaza. Solo unos pocos jóvenes, con abrigos gruesos, bufandas y gorros calados hasta las orejas, hablaban y reían, mientras tropezaban los unos con los otros.

"Es tan absurdo que le gusten las mariposas". "Es lindo". "¿Si me gustaran a mí?". "Sería tan absurdo que te gustaran las mariposas".

Fue la última noche que lo vi con vida. Aquel domingo, segundo día de *Pésaj*, después de haber comido copiosamente y de haber abrazado a todos los vagabundos y borrachos que encontraba en la calle, se tendió en aquella cama de hotel barato y se quedó dormido. Fue la última vez que lo vi con vida. Al día siguiente, el hombre al que había conocido, al que había odiado casi tanto como había amado, estaba muerto para siempre.

1

A mi derecha y a mi izquierda, noté que las aguas se elevaban sin mojarme. Por primera vez en muchos días, sentí la caricia del sol. Los pies me dolían, pero yo andaba cada vez más deprisa, corría.

A mi lado, la sombra de quien había sido un hombre, de quien sería un cadáver solo unas horas después. Miré el

Wisła, a lo lejos. Como yo, corría sin detenerse. Como si las aguas tranquilas no lo rozaran.

Entramos en el patio del castillo. "Otra vez tengo ganas de mear". "Aquí, al menos, puedes hacerlo gratis". "Sí. Es bueno haber encontrado este lugar".

Pasamos sin ganas junto al cementerio, junto a los grandes letreros de madera escritos en hebreo, junto a las odiosas figuritas de judíos con bolsas de dinero. "Siguen siendo tan antisemitas".

Pasamos junto a la fábrica de ollas del hombre bueno. Junto a la plaza de las sillas vacías. Junto a la calle de las putas. Las vías del tren. Otra vez, el cementerio.

Cruzamos el Wisła por última vez. Las aguas tranquilas a derecha e izquierda. "Estoy cansado".

No habrá imágenes de aquellas horas. No habrá palabras. "Recuerda. Cuando haces *lashón hará*, estás matando a un hombre". Compramos manzanas, nueces y anacardos. "Falta solo una hora para mi tren".

No podía mirar atrás. Habría sido imperdonable acordarse entonces de las lentejas que habíamos comido en *Mitzráim*. "¿Y de qué me sirven, si voy a morir de todos modos?". "Eso no lo dijo un judío". "No importa. Tengo las manos velludas como Caín".

Faltaba una hora para su tren. "Nadie dijo que Caín tuviera las manos velludas". Se dio la vuelta en la cama y aún sonrió un instante. "No tenías que recordarlo". "Ya he dicho que no me importa". "Si miras hacia *Mitzráim*, te conviertes en sal". "Ya no quiero seguir escuchando". "Pero fuiste tú quien lo dijo".

Se abalanzó sobre mí y hundió la manzana mordida en mi estómago. "Quizás era Adán el de las manos velludas". No dije nada. Lo miré y, por primera vez, callé. "Bien. Así está mejor".

Eran las ocho de la tarde. Se quedó dormido y, una hora más tarde, recogió sus cosas y murió para siempre. A lo lejos, desde la ventana, vi la sombra de lo que había sido un hombre, encorvado como un simio, cargado con una bolsa amarilla y una mochila negra en la espalda. Un tren cualquiera se lo llevó.

Cero

Había salido de Egipto. Y él había muerto como el ejército del Faraón y los caballos del Faraón. Se había ahogado en el Wisła o había sucumbido, camino a su país, a bordo de aquel tren maldito. En el momento en que intentó matarme, seguramente, murió.

Solo sé que, aquella mañana, me pareció ver las cumbres nevadas. Los Alpes, desde el cielo. Los grandes lagos. Aquella mañana, me pareció estar aspirando por primera vez el aire helado de las montañas. Me pareció que la gente sonreía y que había personas felices.

Miré por la pequeña ventana. Los bosques de Frankfurt. Los cielos del país al que habíamos temido y habíamos amado. Sus abuelos y mis abuelos. Seguramente, se habían conocido y habían bailado juntos en las bodas. Habían cantado el *Tumbalalaika*, y se habían felicitado porque habíamos nacido. Porque aquí estábamos de nuevo. Porque ni los bosques nevados ni los campos de alambres feroces ni sus fauces terribles habían podido impedirlo. Porque estábamos vivos.

Porque habíamos salido de *Mitzráim*, y allí estaba él, sonriéndome a lo lejos en mitad de la calle, mientras yo me apoyaba alternativamente sobre uno y otro pie. "¿Hace frío?". "No". Señaló el cielo azul sin nubes. El sol de primavera recién inaugurada. Temblé un instante y me rodeó con sus brazos.

“Parece mentira. Haber vuelto aquí, quinientos años más tarde”. “Setenta años, y somos los mismos”. “¿Te acuerdas de los abuelos?”. Miré su cara sonriente y vi a la niña de las fotografías. La niña seria que reía y su risa no se terminaba.

“Llorar sin lágrimas y arder para siempre”. “Volveremos a la tierra y ella se alegrará de nosotros”. “Una esperanza de dos mil años”. “El año que viene, allá lejos”. “Cuando aprendamos la canción”.

(2015)

Nunca será tu nombre

I

Estuvimos, lo sé. Entre los cuerpos erguidos, apretando el gatillo, odiando, seguramente por inercia, sin ganas, seguramente por placer. Mirando a los ojos de los hombres. Viéndolos resbalar. Y caer.

No hay nadie a quien mirar, me dices, y yo digo nadie a quien defender. Ante quien sucumbir. En esta tierra de vientre estéril y convulso que nos mira desde el cielo. En esta tierra sin hombres, sin sed, sin almas. Una tierra que escupe el regusto de la muerte, de los cuerpos aún calientes, setenta años más tarde. Desde un cielo que hoy no arriesga creer.

Aquel sol de la infancia. Una chiquilla pálida, balanceándose en un patio lleno de libros y de flores, mirando al niño azul del último verso de Machado. Cuando la luna era blanca, cuando creíamos en los hombres. Cuando se podían conquistar las montañas. Cuando su brazo aún contenía a los asesinos. Cuando no habíamos sido juzgados ni teníamos necesidad de postrarnos. Cuando éramos hombres y podíamos creer en los hombres. Y no estábamos locos.

II

Nunca más será tu nombre. No seréis, ni será vuestra memoria. De vosotros, que nos acabasteis. De vosotros, que mirasteis para otro lado. De ti, maldito, que nos mandaste al polvo. De ti, que le dejaste hacer y que, como los hombres miserables, te hiciste miserable y te hiciste hombre.

"Puedes ver las lenguas de fuego, allá, a lo lejos. Puedes ver las montañas de ceniza, los huesos rotos. Puedes ver nuestro silencio, amor, y puedes ver nuestra derrota. Pero toca mi mano blanda y escucha el latido en mi pecho. Bésame y nada habrá sucedido".

III

Esta tierra, de la que su mirada se desentiende. Hoy entrega su ojo vigilante, con el hastío de quien ha vivido más que nadie. En mis manos, se deshace una tristeza infinita que no sé retener ni conjurar. "Te juro que estuve, amor. Y que era otra de quien soy".

Si estuve del lado de los que disparaban o de los que caían, de los delatores, de los que nos veían pasar bajo sus ventanas. Si fui la anciana que sucumbió antes del desastre. Si fui el niño que no nació, el que huyó a los bosques, el pequeño al que arrancaron las piernas cuando intentaba pasar al otro lado del muro. Si fui el bebé al que pegaron un tiro en el aire. El que pasó
por el infierno cantando.

Este cielo rojo. Que duele, de tan bajo. Y duele como los hijos extraviados, como las llamas del mundo. Como el aullido que me penetra con sus miembros derrotados. Que funde a negro, mientras va destejiendo el crepúsculo sobre las casas de los campesinos. Esos que vieron y, seguramente, también huyeron, golpearon, cayeron. Supieron y callaron. Tal vez dijeron.

Esos que quizás no estaban y no saben ni les duele y, sin embargo.

Sin embargo, están.

IV

Caminaba por las calles de Varsovia con una mujer desconocida. Recuerdo su pelo corto negro, su cara lívida y el cielo rojo. Y recuerdo haberle hablado. "Puede que yo fuera el hombre al que dispararon, mientras agarraba la mano de su pequeño hijo".

V

Pero sobrevolar tu tierra vieja, esa que supe en la sangre la primera vez que hendí tu lejanía. Esa que supe de mí. Asesina de mí. Sobrevolar tu olor, los huesos quemados, el silencio del violín infantil, el temblor de tus palabras, mi pecho delgado, su cintura vieja, la escritura furiosa.

Sobrevolar la tierra maldita. Donde nos murieron. Y sé que a mis pies se extiende el país más antiguo y más miserable de la tierra, el más refinado y el más asesino, el más voraz.

Quién lo habría dicho, apenas dos siglos atrás. Cuando sus músicas nos herían y nos emocionaban. Cuando la tierra nos dolía y aún podíamos amarla.

Tuve una infancia feliz. Pero eso fue hace mucho. Cuando salíamos del colegio y yo caminaba lento, como un pequeño príncipe, desafiando la prisa de los niños. Nunca tiré la cartera como Leopoldo ni corrí como los demás. Nunca desafié al conejo blanco. Tuve una infancia feliz. Uno o dos siglos atrás.

VI

"Aquí nacieron las hadas. Si cierras los ojos, puedes verlas". Era tan fácil ver a los reyes en sus palacios, a los nobles caminando solemnes en sus castillos, a las doncellas marchitas y a los vasallos, a los bufones, los pregoneros, los juglares. Era tan fácil ver a los perdedores, a los hombres rudos que cosían y descosían las historias. Desde que el mundo era mundo.

VII

Cuánto y cuán rabiosamente se parecen ayer y hoy.

VIII

Y este manto de nubes, para recibirnos de cielo rojo. La medianoche encendida que habíamos traído pegada en las alas desde ayer.

IX

Tampoco serán sus nombres. Pero no son lo mismo, de ningún modo pueden ser lo mismo sus caras de sadismo y sus caras de sed. Los ojos que codiciaban la sangre y aquellas otras miradas recelosas, las caras blandas y abotargadas, como de perros tranquilos. Seguramente nos mataron y, lo mismo que las bestias, nos robaron y aún maldicen nuestra memoria. Asesinos y delatores. Pero no puede ser igual.

X

Nuestro tren atraviesa los bosques polacos y observo a los pasajeros. Enfrente, un hombre rubio y recio, con la cara roja, que habla con su mujer en ese idioma como de casa de muñecas que me resulta tan familiar y, sin embargo, no entiendo. A veces, tose. Junto a la ventana, un chico y una chica comen moras y frambuesas mientras leen. Por un momento, el muchacho cierra el libro y entorna los ojos, y ella acomoda sus pies sobre las piernas de él.

Suena el teléfono y me atraviesa su voz, a varios miles de kilómetros. "Lo ha dicho el médico, esta misma mañana".

XI

Miro con odio y con amor a los bosques. Los mismos que fueron y aún son cómplices y bienhechores. Qué haremos, cuando no estén. De quién nos esconderemos, entonces. Acaso, las guerras nos terminarán. Acaso, la vida que veo pasar a cámara rápida, mientras cada árbol dibuja el rostro de mi madre.

XII

Éramos los que dábamos humanidad a estas tierras.

Y ahora, ¿qué?

XIII

Marian Turski había pasado por las guerras. Y aún estaba vivo. Nos miraba desde sus ojos lejanos y daba la impresión de que aquel hombre frágil lo había visto todo, lo había vivido todo y estaba de regreso, solo para contarlo. Señaló las paredes, la Maguén David, los veinte años que habían pasado desde su sueño. Los cristales, porque fuera la vida seguía y dentro estábamos muriendo.

Nos habló del bosque, siempre el bosque. De las monedas polacas, escritas con nuestras letras, y del comercio de esclavos. De aquella Polonia que una vez fue paraíso, y las danzas de la muerte. Porque nosotros éramos iguales a ellos, y todos bailábamos desnudos ante las hogueras.

Y el corredor del fuego, y los cosacos. Y las bestias. Y me acordé de ti, que vendrías para salvarme, setenta años más tarde. Me acordé de ti, sin saberte. Me acordé de que aún estabas por llegar. Cuando, en un país lejano, tomaste mi mano. "Soy judío, como tú. ¿Quieres casarte conmigo?".

XIV

Quién podría decir que no soy una como vosotros, descalza, bailando sobre el fuego. Caminé los caminos mohosos y, por segunda vez, miré la piedra destrozada. Por segunda vez, llovió sobre nosotros. Sobre las lápidas que aún conservan los apellidos de mis abuelos.

"Esta es el águila polaca. Más allá, las manos de los *cohanim*, el agua de los *leviim*, el león de Iehudá. Las flores, cuando morían mujeres. Las velas rotas, si eran jóvenes. El nido con los polluelos que un padre había dejado". "Te busqué, amor, cuando aún no habías llegado. Te sabía, del otro lado del mundo, buscando la vida por mí". "Prométeme que nunca volverás a la tierra de los muertos".

XV

Ocho metros y medio de arena sobre sus cuerpos. Menos de un siglo sobre su memoria. Me acordé de él, allá lejos, creyendo que me amaba, clavando su estaca en mi vientre, enloquecido. Porque yo no era como las mujeres que él había conocido. Porque yo podía ver su alma, y eso nos colocaba en una situación incómoda. Porque le amaba y me amaba, pero veía el pozo profundo que no conseguíamos salvar.

Cuando él me miraba, las veía; y cuando yo lo miraba, podía verlos. A los hombres y a las mujeres de nuestras vidas, enterrados hoy bajo la tierra húmeda. En la calle Okopowa, un par de años antes de que lo encontrara, del otro lado del mundo, del otro lado de la vida, en un París rebosante de luces frescas, de aguas desteñidas y de atardeceres que morían sin piedad entre mis manos. Y yo no sabía qué hacer. Y paseaba por las calles de gente, como había paseado un día por las calles de muertos. Buscando entre ellos, en los rostros descreídos y en la piedra, las miradas y los nombres de los míos.

Me acordé de mis abuelos, allí, en la arcilla roja, con el puño levantado. Adam Czerniakow, los bundistas. Janusz Korczak, con sus niños, caminando entre las casas destrozadas, hacia los trenes, para morir. Y un millón de pequeñas almas que aún chillaban y correteaban y jugaban al escondite entre las lápidas frescas.

XVI

"Si cerráis los ojos, podréis verlo". La voz de Mario sonaba acuosa. Había visto a demasiados hombres caer. Había sido testigo de la ruina de una ciudad, de un país, de una civilización. Y nos lo contaba, como el narrador desesperado al que se le escapa la historia.

"Polonia toda es un cementerio", decía Yani. Quizás lo dijo Inés. Un cementerio gigantesco. Donde aún crepitaban las almas. Donde los huesos crujían, al doblar cada esquina, como ramas rotas.

Si tienes hambre y frío y estás solo, no puedes sobrevivir. "No podremos, mi amor". Y veía tu mirada en las chicas de la calle, tiradas sobre las aceras, esperando la muerte. Buscaba tu mirada y quería salvarte, en cada una de ellas. Y estabas lejos. Estábamos tan lejos que no podíamos verlo. Tan lejos y tan inverosímiles como el futuro que se desvanecía.

XVII

Empujó, indeciso, la puerta, y entró en la iglesia del gueto. "Quiero casarme, padre". "¿No eres judío?". Odié a ese Dios que miraba para otra parte. Así había sido desde siempre. Me acordé de los *anusim*, aquellos hombres incomprensibles como los mitos. "Si con agua hacen cristiano a un judío, con agua convierto en pollo un pescado".

Miré los frescos en los techos, las imágenes que atestaban las paredes. Sentí náuseas. Apreté los dientes. Juré que nunca volvería a guardar un Shabat.

XVIII

Dolía tanto que lo odié como nunca antes había odiado. Encendí las luces, tomé la pluma, rompí el libro de oraciones. Era un sábado de febrero silencioso, y las paredes latían en mis oídos como un corazón. Dolía tanto que las lágrimas me hicieron olvidar. Y se me olvidaron su cara, su risa infantil, sus mejillas frescas. Se me olvidó el futuro. Y la vi a ella, recogida bajo su pañuelo, mirando a los hombres pasar, esperándome. "Nunca besaré a otro hombre". Me acarició, con sus manos gordas de campesina. Y la odié, pequeña y rubia a lo lejos, porque en aquella mujer morena y ruda, mi amor se estaba olvidando.

Entramos en la iglesia y el cura me miró con compasión. Sabía que, en el momento en que me diera la comunión, estaría muerto. Me preguntó, por segunda vez. "¿Estás seguro de lo que vas a hacer?". Le mentí. No sabía si quería ser cristiano, pero sabía que no quería ser judío.

XIX

Había tres iglesias en el gueto. Yo sabía que estaba muerto, pero abrigaba la esperanza de que no le importaría a nadie. Era invisible y, sin embargo, sentía mil ojos acechándome cada vez que empujaba la pesada puerta de madera, antes de arrodillarme ante la imagen de aquel hombre escuálido que podría haber sido mi hermano. Se me olvidaban los rostros desangelados de los santos, la desolación, el olor insoportable a incienso, el silencio. Aquel silencio que pesaba más que cualquier puerta y que no lograba empujar lo suficiente, por más que hablara durante horas frente al Cristo, mientras los feligreses me miraban como a un loco y me chistaban para que callara. Me olvidaba de todos y me decía que estaba frente a uno como yo, un joven circunciso, un judío delgado y lánguido que sangraba como yo había tenido que sangrar antes de ser capaz de empujar la puerta de aquella maldita iglesia.

XX

Un día, el gueto fue destruido. Pero eso fue mucho más tarde. Mariana había muerto en mis brazos, y en la ropa y en las carnes me quedó un olor agrio que me acompañaría durante toda la guerra. No habíamos tenido hijos. Y ella, tal como había prometido, nunca conoció a otro hombre. No me amó. Yo tampoco la amé. Pero murió creyendo que me amaba y no tuve las fuerzas para negárselo. Fue mi último acto de piedad.

No la amaba. Sin embargo, me enternecían su dedicación, su obstinación en quererme. La tenacidad con la que trataba de hacer de mí un buen cristiano. Sus padres estaban lejos o habían muerto. Nunca hablaba de ellos. Y nunca me contó cómo había ido a parar al gueto. Había en su mirada un odio a los judíos que no lograba esconder. Llegué a pensar que ella misma lo era. En el gueto, había muchos así. Hombres y mujeres que no supieron que eran judíos hasta que los nazis vinieron a recordárselo. Mariana se avergonzaba de mí, y a mí me parecía que se avergonzaba de sí misma. En la iglesia, todos la conocían y la respetaban. Nunca quise saber más. Era una mujer discreta que me negaba ante todos, convencida de que me amaba.

XXI

Cuando dejó de funcionar el tranvía, compré su vieja bicicleta al doctor Ackerman, a cambio de unos pocos *zlotys* y un manojo de cebollas. Ackerman vivía en la habitación contigua a la nuestra, en un apartamento que compartíamos con dos familias más, junto al muro del gueto.

Por las noches, podíamos oír los lamentos de hombres que habían sido sorprendidos en la calle por los alemanes, los gritos ahogados de las mujeres que estaban siendo violadas en los portales, los llantos de los niños a los que mataban a palos o destrozaban las piernas mientras intentaban pasar un puñado de zanahorias o de patatas por los agujeros del muro.

Miré la foto y sentí náuseas. Yo había conocido a esa mujer. Aquella matrona desolada que hacía pan con la harina que una polaca le lanzaba desde el otro lado, y lo metía en una jaula para evitar que se lo robaran antes de venderlo.

El gueto estaba lleno de niños que ya no podían llegar por su propio pie a los comedores y que terminaban por morir en las calles. A veces, mientras dormían. A veces, sentados en un portal, con la mano extendida y una sonrisa de muerte, congelados, exhaustos. Seguramente, también ellos habían sido soñadores de pan. Como los llamaba la niña Mary Berg, aquella pequeña americana que mostró a todos el gueto. Pero nadie lo quiso ver.

Miré la placa, en el muro. Tantos años más tarde, y allí estaba. La calle Krochmalna. Las mujeres con largas faldas y los niños que jugaban en el parque. La sombra del hombre flaco con lentes redondos y mirada triste, que paseaba entre nosotros, tambaleante, lo mismo que un siglo atrás.

Y yo, que me sabía vieja como los árboles, destruida como las piedras, y que había aprendido a jugar y a amar sin motivo. Como los niños. Recorrí la plaza Zydowska, miré las carteleras de hacía setenta décadas, en el antiguo teatro yiddish. En la calle Twarda, unos hombres me miraron y me saludaron en hebreo. Entré en la sinagoga. "¿Sabéis? Estuvieron casados cincuenta años y ninguno de los dos supo que el otro era judío".

Miré mi lápida en el cementerio. Miré a mis padres, a mis abuelos. Miré a la niña rubia de las trenzas, que se alejaba irremediablemente del hombre delgado de los lentes, al que abrazaba con torpe desesperación una joven campesina.

"¿Vendrás, amor?". "Un jueves de noviembre lluvioso, bajo el cielo de París".

XXII

Me miré y vi a una anciana. A pesar de mi paso ligero y mis zapatos rojos. Contemplé mi sangre y lloré mi muerte, como se llora la muerte de una madre. Lloraba por la niña que fui, por la mujer que ya no sería. Por los hijos que no vendrían. Por el amor, tan lejos, que no se atrevía. Por mi muerte y por mi vida. La muerte temprana y la vida inesperada. Por mi padre, allá bajo los cerezos. Por tanta tristeza. Por tanta ternura. Por tu mano, porque no sé vivir sin ella. Por ti. Por mí. Por los hijos que no serán.

En la Umchlagplatz, aún resonaba el eco de los susurros, del miedo, de los violines. Aún era irrespirable el aire, por el polvo que levantaban las suelas de sus botas flamantes. Seis mil almas cada día. Y mi nombre, escrito en la piedra, junto con otros varios cientos de nombres. Porque de allí nos arrancaron para desaparecernos en el lugar más infame de la tierra.

XXIII

Los héroes se sientan al piano. Escriben, enseñan, rezan. Gritan cuando los demás callan. Mueren cuando todos viven. Se llevan el sufrimiento del mundo y lo depositan en alguna parte. A los pies de Dios, como los *lamed wufniks*. Se llevan el dolor de los hombres, y por ellos sigue girando la rueda de la vida.

Ella sabía ese dolor. Lo sabía desde que era una niña rubia a la que un hombre hizo esperar setenta años. Hasta que murió la campesina estúpida, hasta que pasaron las guerras. Ella sabía ese dolor, que atenazaba las almas de todas las mujeres y todos los hombres a los que había conocido. Ese dolor que había arrancado de los pechos de los hombres a los que había amado.

Bajó la mirada y vio las letras cuadradas, mudas. Cubierto por el *talit* blanco, sabía que, del otro lado de la sala, ella lo estaba mirando. Leyó.

"Porque desde hoy, consagraréis la vida". Aquel Kipur, nadie ayunó en el gueto. El rabino Itzjak Nisenbaum había decidido que no se podía seguir muriendo por Dios. Que no habría más *kidush Hashem* sino, por siempre ya, un *kidush hajaim*. Por la vida, por los millones de cuerpos que bramaban bajo la tierra.

XXIV

Wladyslaw Szpilman vio rodar la lata de pepinillos, que se detuvo justo ante los pies de un nazi que sabía que habían perdido la guerra. Caminó entre las ruinas. Miró al cielo, buscó al hombre bueno. Volvió a amar en cada acorde que escribieron sus dedos. No quiso ser enterrado como judío. De todos modos, como decía Yani, Varsovia toda era un enorme cementerio. Judío.

XXV

Cuando te destruyo para salvarte. Como la joven que rompió la mano de su madre.

Se puede morir de hambre, de enfermedad, de frío. Estamos muertos de amor. Y de amor, nuestros vientres se agitan y nuestras mejillas se rinden, contra la piedra fría de las calles.

"¿Te acuerdas? Cuando paseábamos por el bosque, tras el castillo. Y allá, abajo, el mar que soñamos. Donde tu vida, donde la mía. Donde el futuro".

En el campo, se acordó de Mariana. Aún conservaba su olor. Aquel aroma rancio a campesina solícita a la que, sin embargo, nunca había conocido. Se acordó de la niña rubia de las trenzas. Miró a su alrededor y vio a los hombres. Vio a todas las niñas rubias con trenzas que esperaban que un hombre bueno las agarrara de la mano y las sacara de allí. Setenta años más tarde, bajo un cielo cualquiera.

Miró a los hombres y, por primera vez, lloró. Sintió entre sus dedos la mano tierna. "Prométeme que no me dejarás nunca". "Un día, mis hijos me acompañarán hasta el castillo". Prométeme que me llevarás contigo ese día, y seremos polvo, seremos mar, y no soltarás mi mano. Y nunca más será mi nombre. Seremos vida y seremos tierra. Prométeme, amor.

XXVI

En el *shtetl*, aprendimos las canciones. Las que contaban nuestra historia, nuestras muertes, nuestros exilios. Las que contaban de los cosacos que, cada tanto, arrasaban nuestras casas, bajo la mirada mansa de los polacos. Esos que, habitualmente, nos querían. Los mismos hombres con los que comerciábamos y, a veces, solo a veces, casábamos a nuestras hijas.

Tikutin tenía una sinagoga, una casa para el rabino y otra para el *melamed*, el maestro. En la plaza, un hombre con la cara hinchada y roja tallaba la madera y vendía pequeños músicos y rabinos con el chal de oración. Nos miraba por encima de sus gafas, sabiendo que no íbamos a comprarle nada. Aquel hombre también tejía. Me acordé de aquel que saltaba en el granero, cantando a sus hijas, y de aquel otro, que brincaba con su violín por los tejados. Y de aquellos que, en Mea Shearim, discutían sobre los misterios del Talmud, caminando sobre las azoteas.

Aquella había sido nuestra historia y, en cualquier parte del mundo, lo seguiría siendo.

Primero fueron los cosacos. Luego llegaron los rusos. Al fin, los nazis. Los polacos nos acusaron de colaborar con los mismos que habían cerrado nuestras sinagogas y nuestras escuelas. Después, nos llevaron al bosque y allí se acabó todo. Lupojowa, donde, como decía Mario, ni los pájaros se atrevían a cantar. Los últimos ochocientos metros de nuestras vidas.

"Con cada judío que murió, morí. Con cada hombre y cada mujer y cada niño que fue sacado de su casa y fusilado, por negarse a caminar".

XXVII

"*Am Israel jai*". El grito desgarrado de un chico rompió el silencio, como un cuchillo. Allí, donde ni los pájaros. Donde ni las piedras.

Sonó el *shofar* y supe que estábamos llegando al final. Que estábamos desandando el camino. Donde se había acabado mi vida. Donde, como una ciega, había llegado, a tientas, para encontrarla. Sonó el *shofar*, por segunda vez. Dos adolescentes se abrazaron, llorando. Seguramente, maldijeron. Maldije. Seguramente, lloré.

Hoy, no hay trenes que vayan a Treblinka. Hasta las vías sienten vergüenza. Hasta la tierra. Todos los trenes murieron en Treblinka. Todos los hombres. Después, desmantelaron el campo, como si no hubiera sido más que un escenario macabro, y plantaron árboles.

No estábamos lejos de Varsovia. En aquel tiempo, todavía creía que me podía salvar. Podía quedarme en el gueto o huir a cualquier otro lugar de la ciudad, o a los bosques. Siempre era una buena idea marchar al bosque, con los partisanos. Pero yo era una niña pequeña y rubia con trenzas que solo sabía tener hambre y frío y que a veces estaba contenta porque a lo lejos veía a un hombre que sonreía y decía que me salvaría. Y le creí. "¿Existe el amor?".

Durante trece meses llegaron trenes a Treblinka. Sesenta vagones por día, en grupos de veinte. Cien personas por vagón. Ochocientos setenta mil judíos. Todos los judíos de Varsovia.

Hicimos *kadish* por los muertos. Hice mi *kadish* por los vivos. Por mí misma. Porque no había dejado de morir desde hacía más de setenta años.

Un grupo de chicos israelíes entonó *Hatikva*. Sonó una vez más el *shofar*. Sentí miedo. Caminaban, se apoyaban los unos en los otros, sostenían con amargura y orgullo sus banderas azul y blanco. *Am Israel jai*. Un silencio de muerte nos atravesó. Me dolía el aire, la brisa suave me hacía daño en la piel. Tuve miedo. Sentí aflojarse mis muñecas. *Am Israel jai*. Y lloré. Lloré como nunca había llorado.

XXVIII

Hubo un tiempo en que los judíos habían sido protegidos por el rey. Por eso, la sinagoga estaba junto al palacio. Tan solo una calle separaba el cementerio judío del cementerio cristiano.

Hubo un tiempo en que las bestias tomaron las ciudades y las lápidas judías fueron usadas para pavimentar las calles.

Pero a los muertos se les dejó donde estaban. A nadie parecía importarle. Hicieron un parque de aquel terruño sin señales, sobre los millares de cuerpos sin nombre, y la vida continuó. Y la gente siguió yendo a comprar el pan y los hombres siguieron levantándose cada mañana y las mujeres seguían preparando el café aguado y los niños seguían muriendo, en aquella Polonia sin judíos.

Lublin tenía una calle. Tenía una plaza. También tuvo un gueto y vio morir a sus gentes. Yo recordaba Lublin de colores, como en los libros del hombre flaco con lentes que muchos años después se hizo vegetariano. Yo recordaba la calle aquella, que subía hasta la esquina del edificio con árboles alrededor y que en mi sueño había creído una catedral. Desde el autobús, vi aquella calle, aquel cielo, el gris apagado. La vi a ella, corriendo hacia la casa de sus abuelos. Nos vi, setenta años atrás, caminando hacia los trenes. La vi, llorando en mitad de la calle, ajena a lo que pasaba a su alrededor, mientras algunas mujeres corrían hacia ella para abrazarla. Contemplaba la escena a distancia, inmóvil, junto a la casa de las paredes rotas, del otro lado de la plaza. Sabía que todo aquello había pasado, que era un recuerdo de otro tiempo. No podía moverme, no podía articular palabra. La miré con respeto y con lástima, con admiración, con una piedad de la que ellos nunca sabrían.

XXIX

Eres de un pueblo que canta. Yo sobrevolé esos valles, los abismos, las montañas escarpadas. Sobrevolé tus mares, canté tus canciones. Y supe tu sangre corriendo por mis venas, batiendo mi corazón, resistiendo mientras me penetrabas con desesperación, con furia. Resistiendo. Sabiendo que bastaba tenerte dentro para empezar a perderte. Para darte a luz y que nunca más volvieras al calor de mi vientre. Pero siempre es más grande el amor.

Yo era una niña rubia con trenzas que no sabía nada, que no quería nada. A lo lejos, vi a la campesina gorda, que te tomaba de la mano y se alejaba contigo, sonriendo cínicamente, volviendo la cabeza de vez en cuando, mirándome con lástima y con desprecio, sabiendo que moriría. Yo era una niña rubia, tan pequeña que no sabía nada, que no entendía nada. Habías prometido cuidarme y te veía marchar, siguiendo a una mujer extraña que no sabía cantar, a la que no le gustaban tus poemas, pero que había ofrecido su vientre fecundo a la inercia de tu hombría.

Nunca la amaste. Nunca te amó. Nunca se borró tu imagen, a lo lejos, tomado de la mano por la campesina gorda que resoplaba mientras me miraba y te alejaba más y más de mí.

"Vete", te dijo un día. Y entonces te quedaste. Hasta que murió. Hasta que fui una anciana. Hasta que pasaron las guerras. Y, para entonces, éramos unos mutilados. Nuestro corazón se había endurecido y habíamos olvidado cómo amar.

"Ven", te tendí mi mano, setenta años más tarde, y me besaste con desesperación, con prisa, como si temieras que alguien fuera a arrebatarme de tus brazos. Me besaste en la calle, en el taxi, contra los árboles, en los cristales, en la silla, en la cama, en el supermercado, en el tren, en el parque, en el restaurante, en el autobús, en la cafetería, junto a la torre, a la orilla del río, en la sinagoga, frente a tus hijos y frente a los míos. Me besaste, me pariste, te parí. Y empezaste a desaparecer, setenta años más tarde, como la tarde aquella que te encontró, perdido en una calle del gueto de Varsovia, la campesina gorda. Te vi alejarte, tambaleándote, junto a su recuerdo. Junto al recuerdo de la mujer que nunca te había amado, a la que nunca habías amado, pero que se apoderó de tu vida en su vida y en su muerte.

XXX

Eres de un pueblo que canta, mi amor, como lo eran aquellos que discutían el Talmud, apostados sobre los tejados. Como aquellos que, un día, decidieron que la canción, la risa y el baile serían las expresiones más elevadas de su devoción. Muchos de nosotros miramos para otra parte. Aún no sabíamos cantar y estábamos grandes para los bailes. Tampoco sabíamos reír.

Por eso, se me antojaban tan raras la gravedad, la tristeza húmeda, la lluvia sobre las lápidas verdes, sobre el moho de una tierra que cubría los huesos de los *jasidim* más venerados. A finales de los años ochenta, alguien profanó una tumba. Desde entonces, la piedra señala, con su agujero en el medio, con su ojo único, a las almas de los cobardes, de esos hombres rechonchos con cara de perros felices que nos odian desde hace siglos.

La sinagoga Shapira es hoy un albergue para jóvenes. De todos modos, las fotos colgadas por las paredes y las gordas con peluca y largas faldas que hacen fila ante la puerta del retrete son el testimonio de otro tiempo. Cuando un farol quedó encendido en Lublin, día y noche, para que sus judíos pudieran encontrar el camino de regreso.

XXXI

"Cerrad los ojos. Abridlos ahora". Al lado de la ciudad, se extendía el campo de Majdanek. Impúdico, vergonzante.

Amenazador, a la vista de todos. "Estaban convencidos de que iban a ganar la guerra".

Cincuenta mil hombres, ante la mirada gélida de Ilse Koch, habían hecho aquel recorrido. La calle de las piedras negras. "Si no eres tú el que me hiere, sino tu ausencia. Si no nos mataste con tus manos, sino con tu silencio. ¿Dónde colgarán mañana a los diez hijos de Hamán?".

Chelmno, Belzec, Sobibor, Majdanek, Auschwitz, Treblinka. Donde Dios nunca sería.

La calle de las piedras negras había sido pavimentada con lápidas que los hombres aplanadora alisaban después con rodillos gigantescos, para que Ilse Koch no estropeara sus zapatos.

Karl Otto Koch y su esposa, Ilse, eran refinados y amaban a sus hijos. Tanto los amaban que escogían a sus maestros entre los judíos del campo. Ilse coleccionaba tatuajes humanos, y con la piel mandaba hacer lámparas y encuadernaba los libros de los niños.

La peluquería, las duchas, las latas de Ziklon-B. Las amigas de Ilse eran sensibles y no soportaban la vista de los cadáveres. Entonces, los hicieron quemar. El almacén de los zapatos. La muerte empezaba por los zapatos. Decía Primo Levi. La ceremonia de los zapatos. Las barracas de los prisioneros. La bañera del nazi que aprovechaba el calor de los hornos para tomar baños de agua caliente. Tan sensible como las amigas de Ilse, el comandante había decidido cuidar del jardín y los árboles, junto al crematorio.

"Recuerda, mi amor. Dentro de setenta años, nadie nos creerá. Ni siquiera lo sabremos escribir. Recuerda, mi amor, uno por uno, los rostros de los asesinos, sus ojos semicerrados, sus voces furiosas, los gritos de espanto de nuestros niños. De la niña rubia que amé. De la mujer que fuiste, cuando me alejé de ti jurando que volvería. Recuerda, mi amor. Que un día estaremos fuera, seremos libres como entonces, correremos cogidos de la mano por las verdes praderas. Y ellos seguirán aquí. Un ejército de cuervos, graznando a los hombres, al tiempo, a la vida. Sobrevolando las montañas de ceniza y de huesos rotos".

Frente a nosotros, un grupo de adolescentes entonaba *Hatikva*. Quizás eran los mismos que habían gritado en Treblinka y habían hecho *shajarit* en Tikutin. Los cuervos callaron. Hasta donde alcanzaba la vista, cubrían la superficie del campo. Sentí un escalofrío. Me tendieron un ramo de flores. No las toqué. Temblaba de miedo. Me daba cuenta de que, después de ese día, nunca volvería a ser la misma nuestra mirada.

XXXII

En 1946, el pogromo de Kielce acabó con los pocos judíos que quedaban en Polonia.

Se había acabado la guerra. Pero la guerra no había terminado.

XXXIII

Amémonos para combatir al mundo. Amémonos para defender al mundo.

Amémonos porque la campesina está muerta y no hay nada que perder.

XXXIV

Recuerdo la primera vez que me hablaste. "Ah, conozco ese lugar". Al otro lado de la mesa, me observabas mientras tomabas cucharadas de un guiso blanco. A veces, me preguntabas algo, con voz queda, sonreías apenas y seguías comiendo. "Allí mismo nació mi amigo, el gitano".

Bebía largos sorbos de agua y te miraba, embriagada. Y me mirabas, embriagado, desde el otro lado de la mesa. Al día siguiente, me hablaste de la campesina. Y yo me marché, con mi maleta azul y una chaqueta que había resistido demasiados inviernos. Aquel Shabat, me contaron de los judíos de Marruecos. Comí chocolate francés y me acordé de ti, el hombre al que había conocido cuando apenas era una niña de trenzas rubias en las calles del gueto.

XXXV

Vuelvo a los mismos lugares porque no busco los lugares: me busco. En la ciudad de las mil iglesias, busco a los míos. Los de frente alta y mirada orgullosa. Los desvalidos. Los asombrados. Los humildes. Aquellos que soñaron bajo el reinado de Casimiro el Grande. Aquellos que construyeron cementerio, sinagoga y escuela.

Eran los tiempos de los reyes y de los castillos, de las calles empedradas que llevaban a palacio, de los *tzadikim* y de las leyendas. A un lado de la plaza, se levantaba la casa imponente del abuelo. Todos lo habían creído un avaro hasta que, el día de su muerte, los pobres de la ciudad no tuvieron qué comer. Su nieta se marchó a Nueva York y abrió una tienda de cosméticos.

En la plaza, junto al muro de las lápidas rotas, me estrechaste. Por un instante, creí que allí estabas, conmigo, junto al muro de los hombres buenos.

XXXVI

Toda Polonia estaba llena de sinagogas ocultas. Como la España de la Inquisición. Los judíos se escondían, se negaban. Pero seguían recordando sus sábados y sus fiestas. Cada viernes por la noche, el judío sabía que era judío y que nunca sería uno más en aquel país de perros mansos y cobardes.

Un poeta carpintero desfalleció. Ochocientos metros eran demasiados metros para el hambre. Alguien escribía, mojando en sangre su pluma. Alguien dio medicamentos a los judíos que habían sido confinados en el gueto. Alguien les dio periódicos. Alguien los salvó.

Sesenta y cinco sillas en la plaza. Una mujer lo escribe. Sesenta y cinco mil judíos deportados. Un judío sin brazos los cuenta. En Plaszow o antes de Plaszow. La muerte.

Irena Sendler, Oskar Schindler, Tadeusz Pankiewicz. Los justos entre las naciones. "¿Por qué los salvan ustedes?". "No nos gustan los judíos. Pero no por eso hay que matarlos".

XXXVII

Cinco hombres, frente a la hondonada. Con el pecho roto.

Los enamorados pasean. Pisan el césped, pisan sobre los muertos, pisan los gritos. Pisan el corazón de cinco hombres que, desde la piedra alta, los miran, con el pecho roto.

XXXVIII

Aquella mañana gris de julio, te vi subir al tren y salí corriendo. Corrí tan rápido como pude, tan lejos como pude.

La campesina se había muerto, y un hombre te apuntó con el arma y te obligó a saltar al vagón de madera. Quizás no se había muerto todavía. Quizás nunca murió. Corrí rápido y corrí lejos, pero no fue suficiente.

Semanas más tarde, me sacaron de un vagón idéntico al que te había llevado, creyendo que estaba muerta. Cuando abrí los ojos, me vi en los tuyos, muda y asombrada. No sé si agradecía o maldecía. Me recorrió un escalofrío y vi a una niña de trenzas rubias deshechas en tus ojos. Vi hombres que nos miraban, hombres y mujeres y niños que caían de los vagones. Hombres muertos que corrían.

XXXIX

Mi pelo se había vuelto oscuro y se había vuelto blanco. Setenta años después, cuando apareciste, al otro lado de la mesa, en París, un jueves lluvioso, como decía Leopoldo, y de aguacero. Yo aún temblaba, y tú tenías el cuerpo lleno de las heridas de la guerra. Yo no había podido convertirme en una mujer, y tú no habías dejado de ser un anciano. Me acordé de la campesina y me pregunté si seguiría viva. Me miraste, con cara de asombro. "Hace setenta años que vivo con las almas de los que murieron en mis brazos. Hace setenta años que no hago el amor a una mujer. Hace setenta años que estoy muerto".

XL

El día que llegué al campo, nevaba apenas y llovía. De esa lluvia silenciosa que cala los huesos. "Di que tienes catorce años", me susurró una mujer joven. Estaba desnuda y aún nevaba a ratos. Y seguía cayendo aquella lluvia maldita, silenciosa y terca. Tenía tanto frío que los pies y las manos no me respondían. No podía moverlos y hacía rato que habían dejado de doler. Tampoco tenía hambre. Ni sueño. Estaba tan cansada que sentía que me iba a caer y que iba a desaparecer delante de aquellos hombres armados y bien abrigados que me examinaban, y que entonces ellos no me lo perdonarían y me harían algo horrible que ni siquiera podía imaginar. Pero no caí y, al cabo de cinco o seis horas, me vi en el centro de un barracón, con otras muchachas de mi edad, tiritando. Y en ese momento se apagó mi vida, como se apagaron tantas otras vidas, y todo lo que vino después es una trampa de la memoria. Que nunca conté y nunca contaré. "No podrá saberlo nadie que no lo haya vivido", decían los viejos, y me daban golpecitos en la cabeza y me decían que tenía suerte de que mis padres, previsores, me hubieran enviado lejos, mucho antes de la guerra. Lo que de verdad pasó no lo sabían ellos ni lo sabían ya mis padres muertos, ni lo sabrían jamás los muchachos y las muchachas que conocí después de la liberación, y ni siquiera tú, amor, que setenta años más tarde me abrazaste mientras llorabas a tus hijos, pero no podías entender mis lágrimas, mi rabia por los que nunca nacerían.

XLI

El frío se quedó para siempre.

Mis huesos empezaron a helarse aquella primavera. A lo lejos, te veía, junto a los otros hombres, tambaleándote entre ellos y buscando con desesperación a la campesina gorda. Un día viniste a verme. Me dijiste que la campesina había muerto, que de todos modos nunca la habías amado.

Y que, si salíamos vivos de aquel infierno, me llevarías contigo a París. "Pero no quiero hijos. No quiero que mis hijos me vean morir". "Es ley de vida". "Ya no". Y yo sabía que jamás querría ser madre de otros hijos. Y sabía que el tiempo llegaría y el tiempo pasaría y mi vientre se secaría y dejaría de ser una niña para convertirme en una anciana. De un día para otro. Y nadie lo creería. Y tú tampoco lo creerías. Y abrirías mucho los ojos y me mirarías con asombro. Porque yo siempre había sido una niña. Cómo era posible que nunca hubiera sido una mujer.

Me acordé de mi prima, la que comía galletas conmigo en el salón de la casa vieja. Un día, le pregunté: "Prima, ¿te acuerdas de cuando éramos ancianas?". "¿Alguna vez pusiste chocolate en las manzanas?". Mi prima se parecía a mi padre. Sabían reír. Ni mi madre ni mis hermanos ni yo sabíamos reír. No nos habían enseñado.

Tú tampoco. Venías a buscarme y decías que me amabas. Llorabas porque me amabas. Te marchabas, buscabas a la campesina gorda y llorabas porque no podías encontrarla. Llorabas por los que no estaban y por los que estaban todavía. Llorabas por los hijos de los demás y por los tuyos, muchos años más tarde. Yo lloraba porque te amaba, porque me deseabas y me esquivabas, porque París estaba lejos y era tarde. Por ellos, los hombres fuertes y valientes que ya no nacerían.

XLII

Nunca, después de ese día, pudo volver a tocar el violín con los ojos abiertos.

XLIII

Los alemanes amaban la música. Amaban el baile, las danzas, los cantos. Con sus botas lustrosas, sus fustas gastadas, la sonrisa helada. Les azuzaban a sus perros y les obligaban a amenizar con música y danza las marchas silenciosas hacia el gas. Amaban la música y el baile. Bebían cerveza y celebraban cada golpe, cada estallido, mientras se hacía pedazos el mundo y en las chimeneas crepitaban las vidas y se borraba al hombre.

XLIV

No hay niños en Auschwitz.

XLV

No hay enfermos en Auschwitz.

XLVI

No hay ancianos.

XLVII

No hay vida en Auschwitz.

XLVIII

Ni después de Auschwitz.

XLIX

Están de paso. Todos están de paso en Auschwitz.

L

El pelo, la grasa, la piel, las piernas ortopédicas, las tazas rojas y las tazas azules, los peines, las brochas de afeitar, las maletas gastadas, los zapatos, las gafas, los cepillos, el betún. El pelo, la piel, el alma. Todos los nombres.

LI

La maleta de Jana Fuchs. Su historia. Para que puedan cuidar de ella. La niña huérfana. Mentira. Nadie cuidará de ella. Ni de su maleta. Nadie la encontrará. Nadie la buscará. Nadie volverá a verla con vida. Nadie verá sus trenzas rubias ni se acordará del hombre que la amaba.

Nadie recordará sus zapatos rojos ni a sus padres cansados ni a su abuelo poeta.

Nadie recordará a todas las Jana Fuchs que fueron borradas para la vida.

Quizás alguien. Quizás alguien mire sus zapatos rojos entre el montón de zapatos infantiles y se acuerde de su mirada asombrada, de sus manos blancas, y recite *kadish* en su memoria y se acuerde de que la vio un día, al bajar de los trenes, y que por un instante la amó.

LII

“¿Dónde están las llaves?”. “En el fondo del mar”.

LIII

Habíamos vivido aquella historia tantas veces. La habían vivido mis abuelos y la habían vivido mis padres. Hacía quinientos años y hacía setenta años. En los pueblos del sur de España, en París. Cambiaron sus nombres y sus apellidos, comulgaron como ellos y olvidaron sus canciones. “Empujé la puerta de la iglesia y pedí al cura que nos casara”. Y cada domingo iba a misa, agarrado del brazo de la campesina gorda. Nunca supo cómo fue a parar al gueto. Un día, le dijo que lo necesitaba, y él se acostumbró a ella. A la maldita campesina gorda que lo hizo olvidar a sus padres y a sus abuelos, su isla y sus canciones, y a ella, la niña rubia de las trenzas, que lo esperaba, entre los cuerpos calientes, bajo la nieve, sin terminar de morir.

LIII

Llevaban las llaves porque creían que iban a volver.

LIV

No hay nada que ver en el bloque 10.

LV

La náusea. Nadie que no lo haya vivido podrá siquiera imaginarlo.

LVI

Miré la pared blanca. Temblaba. La pared o yo. Los dibujos diminutos de los niños. De todos los niños huérfanos que dejaron sus nombres escritos en las maletas. De todos los niños que dibujaron el grito de sus padres y sus hermanos, las lágrimas de sus madres, la risa de los hombres malos.

La risa de niños que ya no reían ni lloraban. Que temblaban, mientras la vida de fuera se les emborronaba en las manos, y el carbón manchaba el papel de muertos.

LVII

Manchaba el papel de miedo.

LVIII

Solo los niños caben dentro de las letrinas.

LIX

Hay un lugar para todos.

LX

Mario lo dijo. Una mirada puede salvar una vida.

LXI

"¿Por qué son de madera nuestras barracas?"

LXII

Una pequeña niña rubia de pelo rizado, engalanada, se adentra en el agua. No hay nadie que camine a su encuentro, nadie que pregunte por ella, nadie a quien espere. Un niño busca a sus padres entre quienes vuelven del trabajo, fuera del campo. La niña corre hacia la zanja.

"Abuelo, ¿para qué hizo Dios el mundo?". "Para destruirlo".

LXIII

Que podamos recordarlos siempre. Que nunca nos recuerden.

Un *shofar* ronco suena y su sonido se funde con el del viento, que agita las ramas de los árboles. Los chicos de la *kipá* cantan. "No había árboles en Auschwitz". El aire silba en las ruinas de lo que fueron los crematorios, destruidos por los rusos. Siento miedo. Sé que están vivos. Y que, de algún modo, nos acusan. Que están vivos también ellos y, de algún modo, se defienden de nosotros, de nuestra memoria que, impenitente, recorre día tras día los caminos.

El olor de la hierba, azotada por el viento, llega hasta nosotros, siniestro. "No hay silencio en Auschwitz". Gritan en las voces de las hojas barridas por el vendaval furioso, de los árboles que vieron todo, de la piedra, del cielo. Donde el mundo calló. Y cayó. Callamos. Y no hay silencio.

LXIV

Se acabó el amor loco y empezamos a amarnos, entonces, con desesperación, con rabia. Con una furia que lo arrojaba a mis brazos y me arrojaba a los suyos. Una furia que lo maldecía cada día. Que maldecía su lejanía, su risa despiadada, su silencio. "*Elí, Elí*", sonaba un tocadiscos el día que lo encontré, tantos años más tarde, en una calle de París. Me había perdido, mientras buscaba una librería en el barrio judío. Y, como siempre que me perdía, como siempre que venían a pegarme o a matarme, allí estaba él. Y su mirada tranquilizadora me salvaba de los hombres malos, de todas las miserias y de todos los peligros.

"Hannah Szenes. Era húngara. ¿Sabías?". Por primera vez, en sus ojos negros vi un destello de emoción. Nunca antes lo había visto con *kipá*. "¿Volverás a tu isla, entonces?".

LXV

"*Elí, Elí, sheló igamer l'olam*". Lo mismo que nos habíamos amado, dejamos de amarnos. Sin decir nada. Por inercia, por cansancio. Porque nos íbamos a morir y molestaban las palabras y sabían a mentira los abrazos. Porque no podías dejarme morir, si me querías. Porque no podías marcharte, si me habías amado.

LXVI

Me dijeron que había una iglesia en el interior de la mina de sal. Una iglesia de sal. Recordé tus bodas con la campesina, el sabor de las lágrimas en mis mejillas. El sabor de tus besos, que ya nunca serían. Como no sería tu nombre. Como no sería el mío.

En una habitación blanca de hotel, aquel sábado de sol impenitente supe que estaba bajando a los infiernos. "¿Te casarás conmigo?". "Estamos casados. ¿Acaso lo has olvidado?". "Quiero casarme otra vez. Quiero volver a casarme contigo". "¿Porque me amas?". "No. Porque la amo".

LXVII

Los judíos de Bedzin se refugian en la iglesia, después de que fue incendiada su sinagoga. El cura se niega a entregar las llaves a los nazis y, tres días más tarde, los judíos logran escapar, burlando la vigilancia de los alemanes.

Rutka escribe y oculta su cuaderno. Sabe que todo ha terminado.

LXVIII

Yo era Rutka. Yo era cada uno de los hombres que rezaban en el almacén del pan.

LXIX

“El muro de tablas, ¿por qué no lo saltaron?”. “Porque al otro lado estaban los polacos”.

Los perros mansos, a las órdenes de los oficiales nazis. Los cielos bajos.

LXX

Seis kilómetros separan el castillo del bosque. A los judíos, de la muerte. En los camiones, se los gasea. Al bosque llegan los cuerpos sin vida. Una capa de cadáveres y una de cloro. Y el fuego. 360.000 judíos fueron asesinados en Chelmno. Una tras otra, las aldeas. Todos los judíos de las aldeas. Y el cura, que quiso ir con el rabino a los camiones.

LXXI

Techos bajos, cielos bajos.
Todos los cuerpos. Ningún alma.

LXXII

Somos muchos y tenemos que cruzar deprisa el corredor. Al final, una puerta y un patio, al aire libre. Los guardias nos azuzan. Sabemos que, después de esa puerta, nos espera la muerte. Algunos empezamos a caminar más despacio. Tratamos de encontrar el modo de quedarnos en el corredor. De volver atrás, quizás. Los guardias nos ven, pero no parece importarles.

LXXIII

Cuando, muchos años más tarde, volví a aquel lugar, su belleza insultante me trastornó. Podía verlo en mis pesadillas, en mis recuerdos. En ellos, podía ver la angustia y el hambre, la desesperación, a los desahuciados, los muertos. Había llegado a recordar aquellos años como una película en blanco y negro. Mis recuerdos eran recuerdos sin colores.

Setenta años más tarde, crucé por segunda vez la puerta de entrada al infierno. Esta vez, de la mano del hombre al que amaba. Ninguno de nosotros sabía qué decir. Nevaba. Era mayo y nevaba. Teníamos hambre y frío. Pero no eran el hambre y el frío de entonces. El día estaba gris y el campo estaba lleno de charcos. Pero no era el gris de mis recuerdos. Aquel lugar, imponente y salvaje, ostentaba ahora una belleza que me hería en lo más hondo. Que, de algún modo, me mataba por millonésima vez. Miraba a los grupos de turistas, comentando, algunos lagrimeando, esperando tan solo a salir de los rescoldos de aquel infierno para enjugarse la última lágrima y olvidar. "Esos pobres judíos. No nos gustan los judíos. Pero no había por qué matarlos".

Y odié. Por primera vez, odié. Nunca, antes, había odiado. Hacía muchos años, había sentido miedo, ansias de vivir, lástima, pavor, desesperación, rabia. Estaba demasiado asustada para odiar. Y ahora, odiaba. A nadie. Ni siquiera a los nazis que nos mataron, ni a los testigos mudos ni a los verdugos. Ni siquiera a la muchacha que decía que no le gustaban los judíos. Odiaba, sin más. Seguramente, odiaba haber sobrevivido.

LXXIV

Recordé la casa de los abuelos de Inés, en Lublin. A la señora Rosa, que se había convertido al cristianismo, después de que toda su familia había sido asesinada en la Shoá. A la joven pareja que tenía terror de visitar Polonia y, aquel día, en la sala de los nombres, se acordó de sus antepasados y lloró.

LXXV

Allí estaban mis abuelos, muertos en cada guerra. Mis padres, mis hijos. Y el hombre al que amé, mirándome con sus ojos negros, al otro lado de la calle. "¿Te has perdido?". Como siempre, me tomaba de la mano. Me acariciaba, me besaba, me hablaba de su isla, cantaba para mí y, cuando me dormía, me daba la espalda y se alejaba, agarrado del brazo de la campesina gorda. Día tras día, año tras año. En cada una de mis vidas.

LXXVI

Habían pasado más de setenta años. Nos devolvieron la tierra, pero nadie devolvió las almas. Que, sin embargo, volverían. Volveríamos, para enseñar nuestras canciones, para acunar a nuestros nietos no nacidos, para dar agua al desierto, para descrear el mundo y darlo a luz en nuestros brazos. Para levantarlas. Setenta palmeras, doce fuentes. En un vientre de leche y miel. Para nacernos.

LXXVII

Te alejaste. Dijiste que me amabas y la tomaste de la mano. A ella, la campesina gorda que no sabía amar. Por última vez, vi tus ojos negros y, en ellos, un relámpago de locura. Reíste, mientras las lágrimas corrían por tus mejillas. Le Marais.

LXXVIII

Habían pasado más de setenta años. En París, bajo las farolas del barrio judío, un hombre lloraba, sin saber qué hacer, con el cuerpo muerto de una niña rubia en sus brazos.

(2016)

Índice

Yo no estuve en Auschwitz 9

A Auschwitz. (Casi) una historia de ficción 45

Nunca será tu nombre 63

Esta obra
se acabó de imprimir
con los auspicios de
Charo Fierro y
Antonio J. Huerga, editores

FINIS CORONAT OPUS